Sommernächte auf Kreta

60 Gedichte

Niko Papadakis

Aus einem Reiseprospekt:
In den Sommermonaten Juni bis Mitte September wird es heiß auf Kreta, die Tagestemperaturen liegen im Durchschnitt zwischen 27 und 30 Grad, die Wassertemperaturen zwischen 22 und 25 Grad.
Leichter und an manchen Tagen auch stärkerer Wind sorgt für eine angenehme Abkühlung, so dass es vor allem an der Küste erträglich bleibt. Im Sommer ist Regen auf Kreta so gut wie ausgeschlossen.

So ein Sommer war der im Jahre 2022.
Wir verbrachten 6 Wochen auf der Insel und in manch warmer Nacht entstanden diese sechzig Gedichte.

Um die Stimmung bildlich wieder zu geben freue ich mich, Bilder meiner Ehefrau Helga präsentieren zu können.

© 2022 Niko Papadakis
Herstellung und Verlag: BoD – Books on Demand, Norderstedt.
ISBN: 9783756294336
Bibliografische Information der Deutschen Nationalbibliothek
Die Deutsche Nationalbibliothek verzeichnet diese Publikation in der Deutschen
Nationalbibliografie; detaillierte bibliografische Daten sind im Internet über http://dnb.d-nb.de abrufbar

Inhalt:

1.

Das Leben ist nun bald vorbei
Türen öffnen und schließen sich
Die Vergessenen werden zu einem Blatt
Das sich vom Wind führen lässt.

So vieles wollte ich noch schreiben
Doch der Stift ist lediglich ein müder Feuerstrahl
Mit der Lizenz
Die Seelenkunde zu verbannen.

Meine Stimme, einst ein Leuchtfeuer
Nur noch ein offener Mund.
Vielleicht muss ich noch lernen
Mit den Worten so umzugehen
Als wären sie längst vergessene Verordnungen

2.

Der Mond spendet das Licht
Und der letzte Sonnenstrahl ist der Fotograf
Deine Augen voller Tränen
Und Du postest dein bestes Lächeln
Bis die Wolken unsichtbar werden.

Immer dann
Wenn sich der Regen ankündigt denke ich daran
Wie 432 v. Chr. der neue Parthenon
Zu Ehren der Athene vollendet wurde.

3.

Sehe Dich auf der Bühne
Unheilbar gut
Deine Stimme so laut wie nie zuvor
Und die Kameras fangen alles auf
Dein Lächeln wie ein Exemplar aus Kohlepapier
Und dieses Böse kommt in mir hoch
Eine Demonstration der Schwäche.

Ich schmeichle mir
Indem ich immer wieder wiederhole
Dass ich im Backgammon gegen Leonard Cohen
Gewann und somit
Die bestbezahlte Schlampe
Aus der Stadt verbannte

Und dann kam auf einmal der Dalai Lama
Setzte seine Brille auf
Die Kameras waren noch online
Und erklärte mich zu seinem Erzfeind.

4.

Alle Lügen haben hier ihr Endziel erreicht
Uhren ohne Stundenzeiger
Lösungen die von der Sonne verblendet werden.
Leere Blicke

Die Durchtriebenheit der Gedanken
Erreicht die grauschwarzen Himmel
Und ich versäumte es wieder einmal
Den Nothalt zu drücken

Alle Lügen haben hier ihr Endziel erreicht
Bittere Hindernisse
Wiederholung der Szenerie
Und die Fehlenden Kapitel
Sind mit unsichtbarer Tinte geschrieben.

Tränen ertrinken im Sonnenlicht
Und Kleopatra bittet zum Tanz.

5.

Die Pfeiler des Vertrauens
Zeigen den Weg zur Verbannung
Fenster und Türen verbarrikadiert
Und trotzdem sitzt Du neben mir
Hältst die Lampe der Leidenschaft hoch
Damit die bis zum Himmel
Und weit dahinter gesehen werden kann.

Die Wunden bluten nicht
Die Verletzten sind auf einmal genesen
Der Enthusiasmus quält einen
Wie Kavvadias
Der einen Hafen suchte
Und lediglich verborgene Namen fand.

6.

Man verkaufte ihn als Sklaven
Zunächst an die Araber und dann an die Christen
Man fragte ihn nach seinem Namen
Man nennt mich „Mensch" sagte er
Und der Regen fällt verschwenderisch.

Eine Entschuldigung
Ist lediglich ein beklemmendes Unterfangen.
Man fragte ihn wo das Meer endete
Und er meinte: „Dort wo die Seele beginnt"

Hilflos schauten ihn die Wächter an
Und begriffen
Dass die Leere im Herzen
Den Tod überwunden hat.

7.

Eine neue Ordnung wollte ich erschaffen
Wo die Versuchung endet
Und die Engel sich mit uns an den Tisch setzen
Und den Frieden ehren.

Eine neue Ordnung wollte ich erschaffen
Nichtsahnend dem was Morgen kommt
Feuerwerkskörper blinkten
Und die Verletzten versteckten sich im Gebüsch

Eine neue Ordnung wollte ich erschaffen
Für klein und groß
Für arm und reich
Für alle, die die offiziellen Öffnungszeiten umgehen.

8.

Der Tod war selbstaufopfernd
Die Thermopylen vor Augen
Die Pfeile hatten die Sonne verdunkelt
Und die Illusion lediglich unbewachte Abwege.

Am Rand des Abgrunds
Welken die Blätter mühevoll
Und erhoffen sich
Ein Notsignal der Unwirklichkeit

Unbewachte Nebenstraßen
Umklammern die Angst
Um das zu sagen, was ich schon immer sagen wollte.

Ein gefallener Engel wird sichtbar
Und die Tarot Karten werden neu gemischt.
Das Spiel beginnt im Osten
Die Spieler sind jedoch westwärts gezogen.

9.

Die Diktatoren träumen nur in der Nacht
Andere erhoffen sich ihr Glück im Morgengrauen
Wieder andere fischen im Brunnen
Und Petrus hat Christus erneut verleugnet.

Die Miniaturen beginnen zu leben
Und die Tulpen erheben sich zum Sommer
Judas war lediglich ein Mythos
So wie die Liebe der Spartaner an den Tod.

Unschuldig ist hier keiner mehr
Und wenn ich mich tatsächlich irren sollte
Werde ich im Garten der Maschinengewehre
Rote Rosen pflanzen.

Weit nach Mitternacht
Kommen die Bestien auf einen zu
Und erklären die Umlaufbahn des Mondes
Zur verbotenen Zone.

Und während andere in der Warteschleife verharren
Spülst Du die Bitterkeit in die Regenrinne

10.

Ein farbloser Märchenprinz war er
Bestieg zu Fuß den Lykawitos
Singend ohne Hilfsmittel
Und war mir irgendwie ähnlich.

Mitten auf der Straße wollte er tanzen
Fand die Ballettschuhe ohne Absatz
Schloss die Augen und tausende
Applaudierten ihm wie Don Quijote
Wenn er gegen die Windmühlen antrat.

Und da begriff ich wie leblos das Leben ist
Wenn Du nicht bei mir bist.

20

11.

Dein Weg endet hier
Wiesen und Seen, Berge und Meere
Wünsche und Gelübde vermischen sich
Bewegen sich seitwärts
Ich entdecke, dass der Stern bewohnbar ist.
Dein Olymp ist jedoch unsichtbar

Ich spreche zu den Bäumen
Damit Du es hörst
Du der ewige „Bomba"
Du der ewige „Kollega"

Du hast Dein Herz so vielen gegeben
Und jetzt schlägt es nicht mehr
Als wäre es ein unendlicher Sonnenuntergang.
Richtung Katerini

Jemand meinte Deine Reise wäre ein Gebet
Ich höre wie mein Herz
Die Ader des Feuers entdeckt hat.
Und wenn der Ostwind vernehmbar ist
Ist es, wie wenn ich Dich sagen höre:
„Mein Gott, was für ein Arschloch"

(Für Thomas)

12.

Die Idee des Weltreichs
Hatte Alexander der Große
Sterne küssten die Ufer und im Hades
Waren noch einige Behausungen frei.

Später legte er sich zum Schlafen hin
Man respektierte sein Ausruhen
Ein männlicher Tod hatte ihn erreicht
Und als man ihn fragte
„Wem hinterlässt du das Königreich?"
Antwortete er: „Dem Besten"

Am Tag drauf begann der Bürgerkrieg

13.

Der Winter kam in der Stunde
Als Du die Tür öffnetest zu gehen.
Mit einer Lüge besiegte ich die Angst
Dann suchte ich Dich überall
Fand all die Fehler
Zwischen Schubladen
Und ich erstarrte beim Gedanken
Du könntest wieder kommen.

14.

Man nannte Dich beim Namen
Den ich längst vergessen habe
Und der Körper verstummte
Wie ein weit entfernter Stern.

Königstitel sind nicht mehr tabu
Und Ptolemaios will heute
Keiner mehr sein
Geschweige denn man träumt gemeinsam
Das Alphabet auf ein Morsezeichen

Man nannte Dich beim Namen
Und der Körper verstummte
Als Ludwig van Beethovens
Klaviersonate erklang.

15.

Der Mann mit der Narbe ist zurück
Er trägt seine Maske nicht mehr
Und die Furcht in seinen Augen
War einem Grinsen gewichen.

Die Wendung der Jahrhunderte
Ein Gewirr von Kakophonien
Und der Trompetenklang ließ
Die Massen verstummen.

Die Dichter kennen keine Zufälle
Wie die Henker
Und die Schiffskapitäne
Wenn sie den Winden lauschen.

Die Wikinger kaschieren ihre Furcht
Mit lautem Schrei
Und im Morgengrauen beim Würfelspiel
Hat das Schicksal seine Wendung genommen
Wie ein Schattenleben.

16.

Ich leihe Dir etwas Wahrheit
Um Deine Lügen zu bedecken

17.

Erzähl mir eine Geschichte
Eine Geschichte von einer anderen Welt

Und sie begann:
Stolz und Ehre sollte ich immer darbieten
Man schickte mich zu einem Mann
Der genau so alt wie mein Vater war
Ich sollte dort lernen eine Frau zu werden
Dieser Mann vergewaltigte mich
Dieser Mann schlug mich
Und ich starb mehrmals am Tag.

Als ich Trost bei einem anderen Mann suchte
Schickte mich dieser Mann
Unehrenhaft zurück zu meinem Vater
Er soll mich töten oder ihm den Hof überlassen.
Ich starb erneut
Und mein Vater gab ihm ehrenvoll die Hand
Als zehn Jahre später
Dieser Mann starb
Wurde ich neu geboren

18.

Einsam durch die dunklen Gassen die Kälte spüren
Du schläfst jetzt irgendwo
Und ich verirre mich im Niemandsland.

Gestern war es oder vor einem Monat
Als man mir den Pokal überreichte
„Trink ruhig aus" riefen die Stimmen
Und die Bitterkeit der Flüssigkeit
War wie der Meeresschaum

In solchen Nächten fühle ich mich
Wie ein Wohnungsloser Schlossbesitzer
Der auf den Gesang der Sirenen wartet.

Zwei Ecken weiter ist eine Bar
Und zwei Obdachlose streiten sich um ein Liegeplatz
Billiger Schnapsduft überall
Und ich mache einen großen Bogen
Bis jemand ruft: „Hey hast Du mir eine Zigarette"

Meine Schritte werden länger und führen mich
Zu unserem alten Stammplatz.
Ein Nachtvogel versucht mir etwas zu sagen.
Ich gehe weiter mit der Gewissheit
Dass der Schauer mich durchdringt
Und wenn ich nicht schnell genug aufwache
Wird mir der Nachtvogel tot zu Füssen liegen.

19.

All die Soldaten die zwei Mal sterben
All die Schulkinder die ausreisen
All die Professoren die heimlich Geburtstag feiern
All die Penner die sich umschulen lassen
All die Heimbewohner die auf das Abendessen warten
All die Messdiener die heimlich Marvel Comics lesen
All die Rock´n´Roller die auf der Geige üben
All die Schichtarbeiter die verliebt sind
All die Metzger die vegan wurden
All die Propheten die sich verirrten
All die die nie einen Freund hatten
All die Stimmen die nie gehört werden
All die Schatten die unsichtbar wurden
All die, die eine Liebschaft beginnen
Bevor der Henker sein Tagwerk vollbringt
Erhalten eine Wild Card für die Titanic

20.

Dreimal hat er Sie verleugnet
Und fuhr mit einem Fischerboot
Ohne Kompass Richtung Kreta
Seinen Körper bedeckte er mit Rindenmulch
Und Daidalos ermahnte ihn.

In den Gärten blühte längst schon der Jasmin
Und sein Geist durchdrang die Metamorphose
Bevor man ihm auf die Schliche kommen konnte
Er war ein Schatten aus Staub
Ein vertrocknetes Flussbett

Er versuchte Marco Polo zu entkommen
Und versteckte sich im Käfig einer Nachtigall
Ohne die Himmelsrichtungen
Jemals richtig erlernen zu können.

Dreimal hat er Sie verleugnet
Und am Schießstand auf dem Frühlingsfest
Schoss er drei Mal den Hauptgewinn.

21.

Als wir uns letzten Freitag zufällig trafen, konnte ich mich
nicht an Ihren Namen erinnern. Sie nickte fast
unübersehbar mir zu und ein Gedankenblitz durchdrang
mich. Ich nickte zurück und Sie meinte: "Na ist das nicht
ein Zufall".
„ Wie geht es Dir," täuschte ich ein Erkennungs-zeichen
vor.
Sie meinte wir hätten doch bei der Geburtstagsfeier von
„X" unsere Telefonnummern getauscht.
„Ja" meinte ich, „leider hat man mir das Handy geklaut".
Sie lächelte und gab mir ihre Visitenkarte vom
Beerdigungsinstitut, wo sie Teilhaberin ist.
„Ich melde mich," log ich, um einige Schritte weiter die
Visitenkarte in einen Mülleimer zu werfen.

Der Grund war beileibe nicht ihr Beruf, jedoch die
Hässlichkeit und Dummheit, die sie ausstrahlte.
Sie hatte trotzdem einen schönen Namen: „Artemis"

22.

Und mitten im Saal standest Du
Wie wenn die Jahre nur wenige Augenblicke waren
Und ich versuchte mich zu erinnern
Ich zählte sieben
Und die Morgendämmerung kam
An diesem Tag viel früher als sonst
„So vieles hat sich geändert" sagte jemand
Und alle Gesichtslosen stimmten ihm zu.

Die Zuschauerränge füllten sich nur langsam
Die Theaterglocke ertönte zum dritten Mal
Und die Friseure hatten Winterschlussverkauf.

Sieben Jahre war ich nicht mehr hier
Und die Schattenwelt war allgegenwärtig
Die Gefängniswärter spielten Backgammon
Man hörte nur leise das Klirren der Würfel.

Manche schauten verstohlen nach der Wanduhr
Ein Hauch von Wachsamkeit war zu spüren.
Ich beschloss zu gehen
Sieben Jahre sind es her
Dass ich Federico Garcia Lorca mit
Salvatore Dali verwechselte

23.

Manchmal wenn ich mich in der Dunkelheit verirre
Kommen die Lieder und Tränen in den Sinn
Die wir nie miteinander gesungen
Geschweige denn geweint haben
In der Dunkelheit vermischt sich mein Schatten
Mit den Möglichkeiten des Erwachens.

Die Möglichkeiten schienen begrenzt
Dort die Steilmauer und Gegenüber der Wasserfall
In den Jahren der Wanderschaft
War jeder Schritt versteuert
Ich habe sogar mein Lächeln vergessen.

Die Zeit hat keine Messung mehr
Minuten und Jahre flimmern ineinander
Herz und Verstand sind Gegenspieler
Wie Himmel und helles Licht.

So verirre ich mich in der Dunkelheit
Um mein Lächeln wieder zu finden.

24.

Die Matratze war fremd
Das Hotelzimmer mit Firlefanz vollgestopft
Judas übte den Kuss
Und die Priester lauerten im Hinterhalt.
In dieser Nacht öffneten sich die Tore
Und die Toreros machten Trockenübungen.

Der Himmel schlief noch
Die Sterne waren unentschlossen
Da Beschloss Ernest Hemingway
Keine Geschichten mehr zu schreiben

25.

Wenn er redete, dann nur vom Wetter
Und dass die Autobahnen so voll wären
Er übersah den zerbrochenen Spiegel
Und vergaß zu träumen.

Der Taxameter zeigte einen überhöhten Tarif
Und seine Lieblings Cocktail-Bar hatte geschlossen
Der Tante Emma Laden schob die Rollos runter
Und der ewige Witze Erzähler
Vergaß die Pointen

Katzen haben mehrere Leben, sagte ihm ein Freund
Wie die Theaterschauspieler
Die auf der Bühne sterben
Und kurz darauf sich zum Applaus verbeugen.

Stanley Kowalski wollte er immer sein
Und die Gezeiten sind lediglich
Wasserbewegungen der Ozeane

Unaufhaltsam ist die Zeit
Und die Endstation Sehnsucht
Ist schon ganz nah

Zeit ist das Orakel des Lebens
Überbleibsel von Lügen haften
Auf den Schultern der Vögel.
Der Morgen ist wie vom anderen Ende der Welt.
Die Parkbank wartet auf uns

Frag nicht was der Regen bringt
Erkundige Dich nicht nach der nächsten Fähre
Die Schmerzen bleiben
Welches Heilmittel Dir auch verschrieben wird

Vergnügungspark der Sinnesorgane
Wobei die Schritte mich immer
Zu dem Ort führen der mit Halluzinationen
Gepflastert ist.
Das Echo Deiner Stimme verklingt
Wo Du auch immer Dich zum Schlafen hinlegst

27.

Wie bei einem Schachspiel
Hast Du die Figuren erwählt
Und als ich vorbei kam um Dich zu begrüßen
Sind hunderte von Vollmonden
An uns vorbeigegangen

Das was bleibt ist längst vergangen
Wie Dein Blick und die Frühlingsträume
Die der Abend mit Nebel bedeckt.
Jetzt ist lediglich die Angst verblieben
Die der Saxophonspieler
So wunderbar interpretiert.

28.

Unsere Geheimnisse
Brutal niedergeschlagen
Und die Photographien verblassen in diesem Moment
Wenn die Morgendämmerung anbricht.

Hoffnung und Vertrauen
Sind längst eingefroren in der Dunkelheit
Und in den Arenen warten die Löwen auf Nahrung
Der Tango aus Evita geht mir nicht aus dem Sinn
So elegant wie die Umarmung eines Kindes

Zweite Straße links und dann zwei Kilometer
Richtung Bohemien Rhapsody
Und dann noch einige Millionen Kieselsteine
Und die Verwirrung ist gelungen.

In sternklaren Nächten sind die Illusionen
Die einzige Hoffnung.

29.

An Deine Lippen
Habe ich mich schon längst gewöhnt
An diese seltsamen Reisen in den Horizont

Habe mich schon längst
An Deine Augen gewöhnt
Diese bizarren Fahrten in fremde Länder

Wir haben gemeinsam unsere Wunden besiegt
Die Häfen zu unserem Ziel erklärt
Die Eifersucht vertrieben
Und der Jahrmarkt unserer Gefühle
Erfand den Frieden

30.

Die Lichter verlöschen im Park
Wie die Innenbeleuchtung des Kinos
Bevor sich Scarlet Johansson die Haare rot färben lässt
Um sich dem Schicksal der Götter zu ergeben.

Komm heute nicht zu dem Ort
Wo unwahre Küsse versprochen werden
Nimm die Metro zum Monastiraki
Und reite auf den Wellen meiner Klauen

So unpersönlich war noch nie ein Film
Und tausend Regentropfen
Verschließen Deine Augen
Um die Wahrheit zu erblicken

Die Lichter verlöschen im Park
Heute Abend wollte ich Dir meine Liebe anvertrauen
Und die ganze Welt nimmt die Ausfahrt
Richtung Nirgendwo

31.

Für eine Nacht der Unwirklichkeit
Kamst Du irgendwie in meine Gedanken
Beleuchtungskörper strahlten den Himmel blau
Um Deine Spuren zu markieren.

Deine Gestalt war auf einmal sichtbar
Wie das Hologramm eines vergilbten Bildes
Der gordische Knoten des Begehrens
Wurde in Weihrauch getränkt.

Du gabst mir aus Deiner Flasche zu trinken
Wie damals als aus einer Viertelstunde
Eine Ewigkeit wurde

32.

Und wir verlieren uns alltäglich
Im Dickicht der Eitelkeit
Du verlierst Deine Stimme und ich mein Augenlicht
Wir drehen wie Untote unsere Runden
Und sobald einer das „Ich liebe Dich" sagt
Zerfließen alle Farben in ihre Einzelteile

Mehr als Deine Zeit kannst Du mir nicht geben
Und ich nicht mehr als meine Ungeduld auf Pergament.
Unzensiert sind unsere Worte
Wie ein nie gedrucktes Duplikat
Das Ordinariat verkündet den Tag der offenen Tür.

Der rote Teppich wurde eingerollt
Die Nächte sind längst aufgebraucht
Der einsame Aristokrat wartet mit der Checkkarte
Sein stilles Wasser zu bezahlen
Und in diesem Moment zerbrachen die Dämme
Und die Meerjungfrauen bewarben sich
Mit einem Spagat für die ausgeschriebene Stelle

Gib mir die Wertungsschilder
Um mit Zehn abzustimmen
Und dann lass die Löwen in die Arena.

33.

Auch wenn niemand mehr hier wohnt
Ist Dein Duft in der Luft
Ist Dein Spiegelbild überall
Sind alle Zimmertüren offen
Und warten auf Dich

Auch wenn niemand mehr hier wohnt
Sind Deine Zigaretten auf dem Tisch
Wie Dein Feuerzeug und der Aschenbecher
Und seit letzten Dezember ein Bild von Dir

Auch wenn niemand mehr hier wohnt
Fragen die Menschen nach Dir
Bewundern Deinen Garten
Und die Halbleere Bierflasche

Auch wenn niemand mehr hier wohnt
Sind Deine Krawatten ordentlich aufgereiht
Deine Bürste immer noch an der Wand
Und die Gardinen so wie Du sie geöffnet hast.

Auch wenn niemand mehr hier wohnt
Liegt Deine Uhr noch am Nachttisch
Und eine Schwermut durchflutet das Zimmer
Da die Lichter nicht mehr spielen.

Auch wenn niemand mehr hier wohnt
Stehe ich nachts um zwei Uhr auf
So wie Du Dein ganzes Leben
Um für wenige Sekunden mit Dir eins zu sein
(für Manolis, den viele nur als Onassis kannten)

34.

Ein Traum war es, sagte man mir
Wie ich mit verbundenen Augen die Sterne sah
Du zeigtest mir ein Sternbild zwischen
Skorpion und Jungfrau und nanntest es Waage
Du sagtest dass in der Antike das Tierkreiszeichen Waage
Auch dem Sternbild Waage entsprach
Heute jedoch wie Alles eine andere Bedeutung hat.

Die Jahre vergingen, wir befinden uns
In der letzten Phase unseres Lebens
Die Römer führten dieses Sternbild
Zum Sinnbild der Gerechtigkeit
Und ich zähle die Wellen um das Datum zu errechnen
Wann Du mir wieder das Lachen erlaubst

Ich bekämpfe nicht die Isolation
Sondern nur die Stunden

35.

Erzähl mir deine Geschichte
Und Du Sagtest ich solle wählen
Zwischen Schwarz und Weiß
Und der Regenguss strömte und überflutete Alles
Du Sagtest dass die Brücke unüberwindbar wäre
Und die Mautgebühren so hoch
Dass das Paradies nicht erreicht werden kann

Erzähl mir deine Geschichte
Und Du Sagtest ich solle
In die Augen eines Kindes schauen
Aufmüpfige Geheimnisse kamen auf
Wie einer der Fahnenflucht betreibt
Und seine Scham mit der Faust auffängt
Diese Träume sind Namenlos
Und während ich die Farben zähle
Erlischt der Regenbogen

Erzähl mir deine Geschichte
Und Du Sagtest ich solle mich an die Nacht erinnern
Und ich dachte an Elisabeth die Erste
Maria Theresia und Katherina die Große
Und ob tatsächlich eine Neuverfilmung
Vom dritten Mann in Planung ist.

36.

Der weiße Mond strahlt
Über Dein Grab
Ein Lied ist ganz leise zu hören
Und Margarita erinnert sich an die Schwalbe
Die Sehnsucht ist groß und Sorbas kommt nicht wieder

Die Stadt ist schön
Du hast mir Rodostamo zum Trinken gegeben
Im April verraten wir die Liebe
Und wenn der Zug um acht Uhr abfährt
Vergessen wir den Jungen der lacht

Es gibt keine Reise ohne Albträume
Und keine Albträume ohne Sarkasmus
Das Echo der Winde
Komponiert seine eigene Hymne.

Die Hirten verlassen die Schafherde
Die Dörfer sterben aus
Nur die zwei alten zahnlosen Mütterchen
Pflegen den Basilikum
Indem sie Deine Lieder singen, Mikis
Diese, die für die Ewigkeit geschrieben wurden.

(für Mikis Theodorakis)

37.

Eine Pilgerfahrt sollte ich beginnen
Und am Abend zuvor verkaufte ich den Sommer
Lange vor der Dämmerung
Die Reise sollte zum Juchtas gehen
Zum „Timios Stavros"
Und die Mönchsbrüder bettelten um Ihr Abendessen
Während die Touristen sich halbnackt
Auf einer Bank Souvlaki gönnten

An diesem Tag blieb ich lange wach
Der Abschiedskuss schmeckte nach Feigen
Und Tsitsanis spielte für Kapodistrias
Zu seiner Amtseinführung
Man nannte die Zeit „golden"
Die Türken wurden vertrieben
Und die Bushaltestelle bekam einen neuen Anstrich

Als der Morgen anbrach
Kurz nach 1821 bei einer Tsikoudia mit Kolokotronis
Bekämpften wir die Langeweile
Mit Feuer und Flamme
Die glorreichen Jahre verkauften wir an die Banken
Und die Pilgerfahrt wurde verschoben.

38.

Das Publikum wartete geduldig
Die Lichter strahlten indirekt auf der Bühne
Und die Schauspieler übten Monologe
Eine Motorradgang begann unruhig zu werden
Und das Amphitheater brannte in Rom
Es soll die Flamme des Jupiters sein
Sangen die Vestalinnen die das höchste Ansehen hatten
Sie trugen weiße Kleidung und darunter Kettenhemden
Mit dem Symbol ihres Fußballvereins

Schrecklich die Vorstellung
Dass Jahrhunderte so zu Ende gehen
Und die politischen Gruppierungen zogen
In die Katakomben der Arenen
Die Provokation als Hilfsmittel
Ist der Albtraum jedes Philosophen
Sie bestürmen mit offenen Jacken
Die Bühne und tauchen in die Schatten

Im Rhythmus eines Sommerschlagers
Mit Lorbeerkränzen das Haupt beschmückt
Kehren wir dem Naturschutz den Rücken.

Aus den Hochhäusern dröhnten die Trompeten
Die Generation der Helden wird kommen
Die Sterne eines neuen Jahrhunderts zu preisen
Die Gemeinschaft Gott und Gesellschaft
Hat bei Google keine Resultate
Und das Publikum wartet immer noch.

39.

Bei vierzig Grad im Schatten
Verlangst Du nach einer Decke
Und denkst an die Vorkriegszeit
Und wie damals alles besser war.

Du denkst an Deinen Mann und
Deinen Verunglückten Sohn
Hast eine Wärmeflasche in der Nähe
Und der Fernseher spielt die Nachrichten
Von vorgestern in einer Endlosschleife.

Der Plattenspieler hat keine Nadel mehr
Dein Mittagessen lässt auf sich warten
Du denkst an die verlorenen Kinder
Und Dein Sessel ist unbequem
Die Farbe der Vorhänge ist vergilbt.

Die Türen sind verschlossen
Ein Sommerregen bahnt sich an
In Deiner Jugend hast Du
Auf den Straßen mit Deinen Schwestern getanzt
Heute schließt Du die Augen
Lässt die Schatten lebendig werden
Umarmst diese leidenschaftlich
Wir denken oft an Dich

(für Tante Filareti)

40.

Eine Zeit wird kommen
Dass wir uns mit Moskitonetzen zudecken
Und zwei Cembali
Und vier Streichern lauschen, die Bach imitieren
Die Kerzen beleuchten indirekt unsere Schatten
Und der Winter behält erneut sein Daseinsrecht

Im dritten Dezernat wird inzwischen
Einvernehmlich mit den Musikern
Der Stacheldraht neu verlegt.
Die Tretminen sind unauffindbar
Und im Fieberwahn betrete ich im Geiste
Wie ein Slalomfahrer die Piste.

Die Wohnsitzlosen versammeln sich
Zur Berichterstattung in As-Dur
Und stimmen in den Chorgesang ein
„Eine Zeit wird kommen"

61

41.

Die Zellen sind begehbar
Und die Pritsche an der Wand voller Fotos
Ein Telefonläuten stört die trügerische Ruhe
Und wenn der Pilot zur Landung ansetzt
Hat die Notwendigkeit Ihr Recht
Den Gashahn aufzudrehen

Auf dem Tisch ist ein Früchteteller
Der Zellennachbar hat sein Radio an
Keinen stört es nicht einmal den Wächter
Der sich zwei Zellen weiter
An einem Jüngling berauscht

Das Drama hat längst begonnen
Die Garderobenfrauen haben längst ihre Plätze
eingenommen
Und der eiserne Vorhang ist neu geölt
Der erste Akt endet unspektakulär.

Die Zuschauer denken sie sehen Brecht
Dabei ist es ein Stück von Tennessee Williams
Die Schizophrenie ist farbneutral
Die Angst vieler Jahre lässt uns erkennen
Dass wir nur noch wenig Zeit haben
Die Trümmer zurechtzurücken

42.

In der Zeit als Du auf dem Uranus warst
Habe ich das Fieber bekämpft
Und die grellen Farben waren abwesend.

Aus dem „Off" erklang Deine Stimme
Wie ein verbranntes Feld
Und der Wind flüsterte:
„Halt Dich fern, halt Dich fern"

Licht ist ein Schwindel der Sinne
Und jedes Mal wenn eine Abreise bevorsteht
Verdunkeln sich die Schächte
Die Blicke verschwimmen
Und das Gefühl Schmerz zu verpassen
Entweiht die Sonnenfinsternis

43.

Er galt als der Flüsterer des Todes
Und die Sonne ging nie wieder
Im Osten auf

Man wiegte ihn in den Schlaf
Und die Handgranaten waren lediglich
Jonglierbälle für die Fitness

Aus seinen Händen wuchsen Äste
Und sein Gerechtigkeitssinn
War der Drang zur Niederlage

Der Krieg begann ohne Ankündigung
Der Sternenhimmel nur noch grau
Freiheit oder Tod schrie er
Freiheit oder Tod
Und vergaß dabei dass das Copyright
Hier schon 1814 beantragt wurde

44.

Wenn die Sonne aufgeht
Meistens wenn die Nacht verblasst
Sind die Erinnerungen da
An die Kämpferin, an die Flamme

Im Gefängnis fand Deine Geburt statt
Zwei Männer trugst Du zu Grabe
Schläge und Exil nahmst Du in Kauf
Und warst die erste Frau die eine Armee führte

Du hast neben Kolokotronis gekämpft
Und wurdest während einer Vendetta
Von Unbekannten erschossen

Manche Menschen sind
Von Geburt an verbittert
Andere erleben ihr Ende in den Erinnerungen
Nicht einmal die Nacht können sie ertragen

Manche Seelen bluten
Wenn die Banderole durchschnitten wird
Doch Du verkaufst Dein Ganzes Gut
Um Griechenland zu retten

(Für Laskarina Bouboulina)

45.

Die guten alten Zeiten zu löschen
Und Neues auferstehen zu lassen.
In den Aufzeichnungen der Diktatoren
Waren Grausamkeiten immer legitim
Um die Liebe aus dem Herzen zu streichen
Sind Emotionen notwendig
Die im Ozean ertränkt wurden

Du hast es geschafft
Die guten alten Zeiten zu **löschen**
Ausradieren aus dem Verstand
Und kein Echo erreicht die Straßenecke
Unseres ersten Rendezvous

In der Rekonvaleszenz des Herzens
Ist die Zeit stehen geblieben
Und die Gefühle haben
Sperrmüll Termin

46.

Wie eine Fee im Antiquariat
Der Träume im Spiegel
Steigst Du aus dem Sumpf
Und die Seerosen musizieren eine Melodie
Fast menschlich

Eine Kreatur ähnlich
Der schwarzen Witwe
Verlässt ihre heimliche Behausung
Um im Park der Nachahmung einer
Künstlichen Intelligenz zu trotzen

Nixen erwachen und verbünden sich mit
Dem Kulissenschieber im Staatstheater
Während des ersten Aktes
Wir lauschen Donna Anna:
Ach, tödlich traf der mörderische Streich!
Dies Blut ... Diese Wunde ... dies Antlitz.

(Mozart : Don Giovanni)

47.

Die Landschaft zerfloss
Die Kerzen zeichneten unheimliche Schatten
Das Zimmer schien in den Fluten unterzugehen
Und unheimliche Gestalten
Zogen von Tal zu Tal
Um für die im Hungerstreik befindlichen Flötenspieler
Ein Gebet zu sprechen.

Das rothaarige Mädchen schien blass zu sein
Und eine Karaffe kretischer Raki wurde gereicht
Barba Apostolis schnitzte Heiligenfiguren
Antonis der Lyraspieler stimmte sein Instrument
Und kaum hatte ich mich versehen
Begannen die Mandinaden
Wie immer in Dekapentasyllabos-Versen

Der Mond spielte auf einmal eine Hauptrolle
Sein Strahl, einer Feuersäule gleich
Und irgendwo in der Nähe
Musik die allen die Stimmung verdarb
Heavy Metall Songs von Iron Maiden
Das rothaarige Mädchen erstarrte erneut
„Gute Mädchen kommen in den Himmel,
böse überall hin"
Sagte Antonis und begann lauter zu spielen
Und exakt in diesem Moment
Die Info aus dem Lautsprecher
Dass der Hungerstreik friedlich endete
Und die Flötenspieler Moussaka-Auflauf verlangten.

48.

Heute Nacht endete die Schöpfung
In den Räumen der Erinnerung
Strahlen die Sterne
Wie funkende Kristalle

Die Karawanen nehmen einen anderen Weg
Und die Nachteulen paaren sich
Mit der Trauer von Kostis Giaboudakis
Jedes Jahr am 09.November

(Am 9. November 1866 wurden die Verteidigungsanlagen des Klosters Arkadi
durchbrochen. Abt Gabriel Marinakis befahl Giaboudakis, den Pulverraum, in den sich
die älteren Menschen, Frauen und Kinder geflüchtet hatten, in die Luft zu sprengen.
Giaboudakis kündigte sein Vorhaben an und fragte, ob es jemand vorziehen würde, den
Raum zu verlassen und das Risiko auf sich zu nehmen. Dann wartete er, bis die
türkischen Truppen gegen die Tür des Raums stürmten, und sprengte das Schießpulver
in die Luft, was zu einer Explosion führte, die alle anwesenden Griechen und mehrere
hundert Türken das Leben kostete.)

49.

Die Worte kommen nicht spontan
Werden eher bedacht und besonnen vorgetragen
Die Räume sind Luftleer
Und man hört die Marktfrauen ihre Waren anpreisen.

Die Wände werden angestrahlt
Die Partylichter unregelmäßig und grell
Und Du fast einsam auf der Hollywoodschaukel
Denkst an Bette Davis

Die Gedanken krallen sich fest
Die Veränderung der Sauerstoffzufuhr spürt man
Bei jeden Atemzug
Und während die Blätter die Bäume wegtragen
Öffnen die Dämonen die Zumba Tanzbar.

50.

Eigentlich bin ich traurig
Kann keine einzige Note lesen und liebe Musik
Kann kein einziges Bild malen und liebe die Kunst
Kann keine Kamera führen und liebe Photographien

Unsere Körper trennen lichtdurchlässige Farben
Und der Mond geht erst unter
Wenn die Geister sich zur Ruhe setzen
Und die Illusionen Gesichter bekommen

Denkt daran, sagte man uns
Dass Gedichte für die Einsamen sind
Und so zogen wir in die Einöde
Um dem Saharastaub zu entkommen

Die Straßenlaternen flackern
Und ihr einziger Zweck ist
Das Übermorgen zu begrüßen
Wie der einsame Mönch am Kloster Valsamoneron

Eigentlich bin ich glücklich
Weil Du Musizieren kannst
Weil Du malen kannst
Weil Du fotografieren kannst
Weil wir Pater Timotheus kennen

51.

„Schuldlos" stand auf der Tafel
Die er vor der Brust trug.
Er lehnte sich an der Kreuzung
Ermou / Evangelistrias an einem Baum
Und schaute Richtung Abendrot

Seine unsichtbaren Hände
Kannten Keine Zeitbegrenzung
Und die Stunde seiner Abreise
War noch nicht gekommen

Vielleicht war jetzt die Zeit reif
Um die Trauben zu ernten
Da der Begriff „Spätlese" dehnbar ist
Lichter blendeten ihn mehr
Und so fasste er den Entschluss
Der Menschheit zuliebe
Sich schuldig zu bekennen
Um endlich einen Ouzo trinken zu dürfen

52.

Als die Schatten mich begrüßten
Es war kurz nach 18:00 Uhr
Erkannte ich an der Straßenecke
Den Übergang zur Melancholie

Die Goldzähne waren geschmolzen
Und der Boy aus der Poolbar zählte sein Trinkgeld
Ein Moment zum Innehalten
Und die Ereignisse richtig einzuordnen:

Antigone war traurig da ihre beiden Brüder
Sich Gegenseitig das Leben nahmen
Das Herbstliche Meer zwang den König
Antigone zu bestrafen
Die Nacht stand still
Als sie ihren Bruder zu Grabe trug
Zur Strafe ließ man sie lebendig einmauern

Der geteerte Übergang zum Hades
Schmolz durch die Sommersonne
Und die „Seher" gingen zum König
Doch jede Begnadigung kommt zu spät
Und der Wind wechselt die Richtung
Mühelos geht der König zum Alltag über
Und die Erfolgsmomente disqualifizieren sich

("Antigone", wurde von Sophokles in Versform verfasst und erstmals
442 v. Chr. Uraufgeführt)

53.

Der Künstler balanciert auf dem Seil
Mindestens fünfzehn Meter hoch ohne Absicherung
Die alte Frau lag in ihrem Bett
Fast 98 Winter hat sie erlebt
Doch dieser sollte ihr letzter sein

Vergessen im Mechanismus der Eitelkeiten
Und des Egoismus
Begannen ihre letzten Lebensminuten
Die Liebhaber der Wahrheit
Hatten Hausverbot
Nur die schmarotzende Nachbarschaft war am Bett.

Der Abend begann an dem Tag etwas früher
Als die alte Frau den Übergang antrat
Es war, so viel später von einer „Anwesenden" zu hören,
Der Lichtstrahl ihrer Seele zu sehen.

Der Künstler balanciert auf dem Seil
Mindestens fünfzehn Meter hoch ohne Absicherung
Und die Nachbarin überlegt
Wie sie sich des Silbernen Tafelservices
Geräuschlos bemächtigen kann.

54.

Anspruchsvolles Denken
In quadratischen Zeiten im Dorf.
Abgeschoben wie ein leeres Pergament
Aus dem lediglich die Absonderung
Der Eigeninteressen hervorgeht

Akribisch vorbereitet
Marmor säuberlich abgewischt
Fernsehantenne mit Klebestreifen befestigt
Und hoffen dass der Wind sich still verhält

Die Tugendhaftigkeit endet beim Eigennutz
Und Frömmigkeit ist nur dann erwünscht
Wenn im Museum der Lügen
Die Lichter erlöschen.

Undankbarkeit ist die Gespielin der Begierde
Und wertvoll ist man nur dann
Wenn man was beitragen kann.

Ein ganzes Leben abmühen zählt nicht
Wenn die Oberfläche für den Anstrich
Das Eigeninteresse erreicht.

55.

Als wir uns entschlossen
Das Grau aus unserer Seele zu löschen
Kamen die Bedenken der Nachbarschaft
Wie dem Dichter seine Eingebung
Nein das ist zu gewagt,
Und bedenke dass ein Beginn niemals
Vor dem Ende kommt

Dann bestellten wir beim Wirt
Drei Karaffen Wein
Und sahen YouTube Videos
Wie seinerzeit das Raumschiff Enterprise
In Knossos landete

Wir durchkämmten die Dörfer im Süden
Und hätten beinahe Amerika entdeckt
Wenn nicht der Wirt lauthals geschrien hätte:
„Schluss jetzt mit Arethusa"

Dann bestellten wir noch zwei Karaffen
Und suchten in verborgenen Kreuzungen
In der Tiefe des Mondbrunnens
Und im Land der Engel
Das was wir jedoch fanden
Ist der Traum der Einsamkeit

56.

Du begegnest Deinem Avatar
Und bist sichtlich geschmeichelt
Die Hologramme herzen sich im Rhythmus
Von Tsitsanis: Wolkenbehangener Sonntag
Wobei Dein Herz den Algorithmus überwindet
Und eine Verteidigungsposition annimmt.

Alle Anhänger von Fidel Castro
Mao und dem Dalai Lama
Vereinigen sich in der Krypta
Und denken nach
Wie das Wort Gewohnheit durch Einfügung
Ersetzt werden kann

Die räumlichen Bilder verschmelzen
In ihren Ursprungspositionen
Und in der Manege werden die ersten Menschen
Den Löwen gereicht

Soviel Sinnlichkeit der Angst
Soviel Leidenschaft des Aufstiegs
So viele Trugbilder im Spiegel

57.

Im tiefsten Süden
Hatte der Seemann seine Reise für beendet erklärt
Er beschloss ab sofort fleischlos zu essen
Und begann mit der Sammlung von Barbie Puppen

Der Gott der Winde hieß ihn willkommen
Auf dem Dachboden hatten Bett und Schrank Platz
Ein kleiner Tisch und zwei Stühle
Und er hat als Kaution seine Träume hinterlegt

Die Mädchen die aus dem Mittagsbus steigen
Versammeln sich vor dem Friseurgeschäft
Und üben den Sirtaki
Der Seemann öffnet das Kippfenster
Das Leben lieben und den Tod nicht fürchten
Rezitiert er Nikos Katzantzakis

58.

Als ich stinksauer war
Nahm mich mein Freund Lefteris beiseite:
Rache schmeckt kalt am besten, sagte er
Und ich erinnerte mich an
"Der Pate" und "Kill Bill Volume 1"
Ich dachte weiter

Dachte an die Statuen am Polytechnio
Und wieviel diese gesehen haben müssen
Dachte an den ältesten Olivenbaum der Welt
Der fast 5000 Jahre alt ist
Und ich stand vor den Statuen
Ich stand vor dem Olivenbaum

So muss das Alter schmecken
Beharrlich, Ausdauernd
Wie ein verlorenes Echo
Am Rande des Wahnsinns

Sei nicht stur
Sei Hartnäckig, sagte Lefteris
Und der Plan begann
In den schwarzen Tiefen meines Geistes
Niemals werde ich jemanden betrügen wollen
Aber die Rache wird mir schmecken

59.

Die Nacht ist wieder angebrochen
Schritt für Schritt macht sich die Müdigkeit bemerkbar
Das Sonnenlicht ist längst unsterblich
Wie die Liebe zu Dir.

Vergangenheit ist vergängliche Zukunft
Und ich suche in Worten
Nach einer Bedeutung.
Und die Zeit ist nur ein Begriff
Um das „Ich brauche Dich"
Neu zu erfinden.

Ich möchte Augenblicke erschaffen die Ewigkeit zu ehren
Ich möchte Momente entstehen lassen
Findelkinder der Sternschnuppen
Damit Du Dir was wünschen kannst

60.

Kannst Du das Wort Silbermond akzeptieren
Wie viele Lieder sind schon geschrieben
Jetzt wo meine Augen immer müder werden
Erkenne ich keinen Sinn

Die Farben simulieren eine Unwirklichkeit
Wie die Schatten eines Waldes
Wie die Klänge der Lyra
Die für alle Kreter weint und lacht

Ein gelebtes Leben
Das war und sollte die Liebe sein
So ehrlich wie Tsikoudia der durch
Ein Taschentuch gefiltert abgefüllt wird.

Die Phantasie nimmt ihren Lauf
Und das Vogelgezwitscher lässt auf sich warten
Und die Straßen sind gesperrt
Nur um Dich tanzen zu sehen

Die Ewigkeit währt immer kurz
Und um die Wahrheit zu retten
Wird jeder Dreizehnte April
Ein Silbermond sein

Helga und Niko Papadakis

Kreta Gestern und Heute

Niko Papadakis

Träume töten ohne Warnung

Niko Papadakis

Vier Tage Mytilini
oder
Das Bewusstsein der Ohnmacht

Kurzgeschichten & Gedichte

Niko Papadakis

Griechische Wurzeln
Gedanken eines schwäbischen Griechen

GEDICHTE

Jetzt und immer

Niko Papadakis

Kreta: Klöster und
Geheimnisse